KB193537

솔로몬의 지혜와 사랑

무무(无無)이현주의 전도서, 아가서 읽기

솔로몬의 지혜와 사랑

무무(无無)이현주의 전도서, 아가서 읽기

지 은 이 · 이현주
펴 낸 이 · 성상건
편집디자인 · 자연DPS

펴 낸 날 · 2023년 5월 25일
펴 낸 곳 · 도서출판 나눔사
주   소 · (우) 10270 경기도 고양시 덕양구 푸른마을로 15
              301동 1505호
전   화 · 02)359-3429   팩스 02)355-3429
등록번호 · 2-489호(1988년 2월 16일)
이 메 일 · nanumsa@hanmail.net

ⓒ 이현주, 2023

ISBN 978-89-7027-896-4-03230

값 9,000원
잘못된 책은 바꾸어 드립니다.

솔로몬의 지혜와 사랑

무무(无無)이현주의 전도서, 아가서 읽기

이현주 지음

나눔사

[전 1. 2-11]

전도자가 말한다, 세상만사 헛되고 헛되며 헛되고 헛되
구나.
사람이 해 아래에서 온갖 일로 수고하지만 그게 다 무슨
소용인가.
한 세대가 가고 다른 세대가 와도 땅은 늘 그대로 있고,
떴다 지는 해는 떴던 곳으로 급히 돌아가고,
남풍은 북풍으로 머리 돌려 이리 돌고 저리 돌다가 불어
온 곳으로 불어가고,
강물은 저마다 바다로 흘러들지만 바다를 가득 채우지
못하고
어디로 흐르든지 거기에서 연이어 흐르더구나.

만물의 고단함을 사람이 무슨 말로 설명하랴?
눈은 아무리 보아도 다 보지 못하고
귀는 아무리 들어도 다 듣지 못한다.
지난날에 있던 것이 뒤에 다시 있을 터이고
어제 한 일 내일 다시 해도
해 아래 아무 새로운 일이 없구나.
무엇을 두고 "보라, 새것이다." 라고 말할 수 있으랴?
우리가 태어나기 오래 전에 이미 있던 일이다.
이전 세대가 우리 기억에서 사라졌듯이
장래 세대도 그 다음 세대의 기억에서 사라지리라.

"세상만사 헛되고 헛되며 헛되고 헛되구나." 사람들이 저마다 부러워하는, 그래서 그것을 추구하느라 평생을 보내기도 하는, 이른바 '부귀영화'를 누릴 만큼 누려본 사람이 본인 죽음을 코앞에 두고 하는 말이다. 하지만 아직도 부귀영화를 좇는 얼마나 많은 사람들에게 이 말이야말로 '웃기는 헛소리'로 들릴 것인가? 그래도 희망은 있다. 지금은 그런다 해도 막상 죽음이 코앞에 닥치면 저도 모르게 같은 소리를 할지 모르는 일이니까.

옮겨 베낀 사람의 뒷글

나눔사 성 선생한테서 문자가 날아왔다.

"하나님이라는 단어가 한 번도 나오지 않는 남녀 간의 사랑 노래인 솔로몬의 아가서를 목사님이 한번 고찰하시면 좋은 작품이 나오리라 생각합니다. 사랑의 시작, 사랑의 진전, 사랑의 갈등, 사랑의 승리 순으로 점차 성숙해가는 사랑을 묘사한 아가서를 목사님이 요즈음 언어로 통찰하시면 시대의 중요한 사랑 참고서가 되지 않을까 하여 감히 집필을 부탁드립니다."

예수 그리스도 앞에서 죽어 사는 길을 연습중인 필자로서는 이 제안을 거절할 명분도 자격도 없는 터라, 그 자리에서 당장 해보마고 답했다. 그렇게 해서 나온 물건이 이 책이다.

필자는 히브리어도 라틴어도 모른다. 그러니 이것은 원전 번역이 아니다. 대한성서공회에서 원문을 직역 가깝게 옮긴 것으로 보이는 개역한글판 성경전서(1946년 초판), 문장보다 의미를 옮기는 데 중심을 둔 것으로 보이는 공동번역 성서(1986년 초판) 그리고 1989년에 미국 그리스도교회 연합회 교육국에서 발행한 개역 표준판 성서(NRSV), 세 권을 나란히 놓고 비교 참조하며 옮겨지는 대로 옮겨 베끼고 거기에 짧은 소감을 감히 달아보았다. 성 선생은 "요즈음 언어"로 읽으라 했지만 이미 낡은 구시대 사람이 되어버린 필자한테서 과연 그 언어가 나왔을지 모르겠다. 어쨌거나 필자로서는 여기까지다.

오, 내 사랑, 오직 당신께 감사드릴 뿐입니다.

2022년 성탄절에
무무(无無) 이현주

차례
|

전도서

아가서

무무(无無)이현주의

전
도
서

깨치고 보니
[전 1:12-18]

　나, 전도자, 예루살렘에서 이스라엘 왕으로 있는 동안 하늘 아래 벌어지는 일들을 이해하려고 마음과 지혜를 기울여 보았지만 결국 하느님이 사람들에게 괴로운 일을 주시어 고생시키는 것이더라. 하늘 아래 이루어지는 모든 일을 살펴보니 만사가 헛되어 손으로 바람을 잡으려는 것과 같더구나. 구부러진 것을 곧게 펼 수 없고 있지 않은 것을 셀 수는 없는 일. 내가 속으로 "나는 큰 지혜를 많이 얻었으니 나보다 먼저 예루살렘에 있던 누구보다도 많은 지혜와 지식을 만났기 때문이다."라고 말하면서 과연 어떻게 사는 것이 지혜롭게 사는 것이며 어떻게 사는 것이 미련하고 얼빠진 것인지를 알려고 애써보았지만 깨치고 보니 그 또한 바람을 잡으려는 것과 다르지 않더라.

지혜가 많으면 번민도 많고 아는 게 많으면 근심도
많아지는 법.

"하늘 아래 이루어지는 모든 일을 살펴보니 만사가 헛되어 손으로 바람을 잡으려는 것과 같더구나." 물질세계에 존재하는 모든 것이 동시에 있으면서 없는 것임은 현대 물리학에서 입증된 사실이다. 이를 머리 아닌 경험으로 깨친 솔로몬이야말로 과연 지혜로운 사람의 대명사라 불릴 만하다. 누가 무엇을 하고서 자기가 한 일이 하나도 없음을 깨친다면 그가 진정으로 깨친 사람이다. "온갖 중생을 해방시키고 어떤 중생도 해방시킨 바 없음을 깨닫는 이것이 대승불교의 가르침이다."(틱낫한).

죽는 날까지 쾌락을 맛보리라
[전 2:1-11]

내가 마음에 다짐하기를 오냐, 내 너를 즐겁게 해
주리니 어디 한번 쾌락이 무엇인지 맛보아라, 하였
으나 그 또한 헛된 짓이었더라. 웃음은 얼빠진 것이
고 환락도 알고 보니 별것 아니더라. 내가 속으로 생
각하기를, 지혜로 마음을 다스리고 술로 몸을 즐겁게
하여 하늘 아래 사는 동안 죽는 날까지 쾌락을 맛보
리라, 하고서 사업을 크게 일으켰으니, 나를 위하여
대궐을 짓고 과수원을 장만하여 과일나무를 심고 나
무들 자라는 숲에 물을 대려고 못도 파고 종들을 밖
에서 사오기도 하고 집에서 낳기도 하고 나보다 먼저
예루살렘에 살았던 누구보다도 많은 양떼와 소떼를
기르고 속국의 왕실 창고에 있는 금은보화를 거두어
쌓아놓고 노래하는 가수들과 인생을 즐겁게 하는 처
첩들도 많이 거느려보았다.

이토록 번창하여 나보다 먼저 예수살렘에 살았던 누구보다도 세력이 왕성하고 지혜 또한 나를 떠나지 않아 무엇이든지 보고 싶은 것은 다 보고 즐기고 싶은 것은 다 즐기면서 스스로 수고하여 얻은 것을 마음껏 누렸으니, 이 모두가 수고한 값으로 얻은 복인 줄 알았더라. 하지만 지나고 보니, 내 손으로 한 모든 일과 모든 수고가 허망하여 바람을 잡으려는 것처럼 천하에 도무지 쓸모없는 짓이었더라. 왕위에 오른들 전왕이 한 짓을 되풀이하는 것일 따름.

"내 손으로 한 모든 일과 모든 수고가 허망하여 바람을 잡으려는 것처럼 천하에 도무지 쓸모없는 짓이었더라." 그림자가 그림자로 그림자 연극을 벌이면서 그 중에 무엇을 어디에 쓰겠다는 건가? 하지만 허망을 허망으로 보았으니 과연 실한 지혜로다. 그림자를 그림자로 보았다는 것은 그 뒤에 있는 밝은 빛을 보이지 않는 눈으로 보았다는 얘기인즉.

지혜로운 삶과 어리석은 삶
[전 2:12-17]

　나는 무엇이 지혜로운 삶이고 무엇이 어리석은 삶인지를 알아보았다. 빛이 어둠보다 낫듯이 지혜가 어리석음보다 낫고, 지혜로우면 눈이 밝은데 어리석으면 어둠 속을 헤매고, 그렇긴 하나 살면서 당하는 일을 보니 둘 다 같더라. 내가 속으로 이르기를, "어리석은 자가 당하는 일을 똑같이 당할진대 어찌하여 지혜롭기를 바랐던가? 이 또한 헛된 일이었다. 지혜로운 자도 어리석은 자도 영원히 사람들 기억에서 사라지느니. 아아, 지혜로운 자의 죽음과 어리석은 자의 죽음이 다를 바 없구나." 하였다.

그래서 나는 산다는 것이 싫어졌다. 사람이 해 아래에서 하는 모든 일이 나에게는 한낱 괴로움이요 바람을 잡으려는 것과 같더라.

"그래서 나는 산다는 것이 싫어졌다." 여기가 전환점이다. 허망한 삶에 대한 염증에서 끝내지 않고 새로 출발하여 떠나온 곳으로 돌아가면 마침내 알게 되리라, 지혜로움과 어리석음이 동떨어진 둘이 아니라 하나의 다른 얼굴인 것을, 그러므로 이래도 좋고 저래도 좋은 인생인 것을.

아무리 애써봤자
[전 2:18-23]

　나는 해 아래에서 수고한 모든 일이 시들해졌다. 아무리 애써봤자 다음 세대에 넘겨주고 말텐데 넘겨받는 것들이 지혜로운지 어리석은지 뉘 알겠는가? 내가 해 아래에서 지혜를 짜내어 수고한 모든 것을 저들이 물려받을 터인즉, 이 또한 헛된 일이다. 내가 해 아래에서 애써 수고한 모든 것이 내 마음을 실망케 하였다. 누구는 지혜와 지식을 동원하여 얻은 모든 것을 아무 수고도 하지 않은 자에게 물려주어야 하니, 이 또한 헛된 일이요 괜한 짓이더라. 사람이 해 아래에서 아무리 애써 수고한들 그게 다 무슨 소용인가. 평생 근심하며 수고해도 돌아오는 건 슬픔이요 밤에도 그 마음 쉬지 못하니, 이 또한 헛된 일이라.

> "이 또한 헛된 일이요 괜한 짓이더라." 생존하는 데 별 소용이 없는 '괜한 짓'을 하는 건 지구별에서 인간밖에 없다. 숲의 짐승들은 종교나 예술이나 전쟁 따위 모른다. 누가 허망한 짓을 하고서 그것이 허망한 짓인 줄 알았으면 지혜로운 사람이고 그러지 못해서 허망한 짓을 마냥 되풀이하고 아무 깨친 바가 없다면 그 사람 짐승만도 못한 사람이다.

먹고 즐기는 일에서 누가 나를 이길 것인가
[전 2:24-26]

사람이 수고하여 먹고 마시며 즐기는 것보다 좋은 일이 없느니, 그 또한 하느님 손에서 나는 것이라. 먹고 즐기는 일에서 누가 나를 이길 것인가. 하느님은 당신이 좋게 보는 자에게 지혜와 지식을 주시어 생을 즐기게 하시나 그렇지 못한 자들은 고생만 시키시니 그가 애써 모은 것을 당신이 좋게 보는 자에게로 넘기시더라. 이 또한 헛된 일이라.

"사람이 수고하여 먹고 마시며 즐기는 것보다 좋은 일이 없느니." 일하고 먹고 마시고 그리고 즐기는 이것보다 좋은 인생이 없다고, 자기가 하고자 하는 말의 절반을 미리 귀띔한다. 사람이 산다는 것은 뭔가를 한다는 거다. 아무 일 하지 않고 가만있는 것도 하는 거다. 실은 이것이 가장 쉽고 가장 어려운 일인데 올 데까지 온 사람, 지인(至人)의 처소가 바로 여기다.

25

범사에 때가 있느니
[전 3:1-11]

　범사에 때가 있고, 하늘 아래 벌어지는 모든 일에
때가 있느니.

　날 때가 있고 죽을 때가 있고,
　심을 때가 있고 뽑을 때가 있고,
　죽일 때가 있고 살릴 때가 있고,
　헐 때가 있고 세울 때가 있고,
　울 때가 있고 웃을 때가 있고,
　단단한 물건을 쓸 때가 있고 거둘 때가 있고,
　껴안을 때가 있고 껴안기를 그만둘 때가 있고,
　찾을 때가 있고 잃을 때가 있고,
　간직할 때가 있고 버릴 때가 있고,
　찢을 때가 있고 꿰맬 때가 있고,
　입을 열 때가 있고 다물 때가 있고,
　사랑할 때가 있고 미워할 때가 있고,
　싸울 때가 있고 평화를 누릴 때가 있느니.

사람이 애써 수고한들 무슨 유익이 있으랴? 하느님이 사람으로 하여금 애써 수고하게 하신 것을 내가 보았다. 하느님이 모든 것을 제 때에 맞추어 돌아가도록 지으시고, 사람들로 하여금 영원을 사모케 하셨으나, 그분의 일이 어떻게 시작하여 어떻게 마쳐지는지, 아무도 알 사람이 없더라.

"하늘 아래 벌어지는 모든 일에 때가 있느니." 세상의 어떤 일도 미리 일어나거나 뒤에 일어나지 않는다. 하늘 아래 그런 일은 없다.

하느님의 선물
[전 3:12-15]

사람이 사는 동안 선을 행하고 즐기는 것보다 좋은 일이 없음을 내가 알았다. 사람마다 수고한 보람으로 먹고 마시며 즐거움을 누리는 이것이 하느님의 선물인 것도 나는 알았다.

하느님께서 하시는 일이 언제나 그러해서 누가 무엇을 더할 수도 뺄 수도 없는지라, 사람은 다만 그 앞에서 두려워할 따름인 것을 내가 알았다. 무슨 일이든 앞에 있던 일이고 장차 있을 일 또한 전에 있던 일이다. 하느님은 다만 전에 있던 일을 하실 뿐이다.

"수고한 보람으로 먹고 마시며 즐거움을 누리는 이것이 하느님의 선물인 것도 나는 알았다." 사람한테 있는 것들 가운데 하느님의 선물 아닌 것이 있는가? 없다. 모두가 값없이 주신 하느님의 선물이다. 다만, 받은 선물을 주신 이의 뜻에 따라서 잘 쓰는 사람이 있고 그러지 못하는 사람이 있을 뿐.

사람이 짐승과 다를 바가 없어서
[전 3:16-22]

내가 하늘 아래에서 벌어지는 일을 보니 재판하는 자리에 악이 있고 정의를 이루겠다는 거기에도 악이 있더라. 내가 마음속으로 이르기를, 범사에 목적과 때가 있어서 누가 옳고 누가 그른지를 하느님이 심판하신다, 하였고 또 마음속으로 이르기를, 하느님이 사람들을 시험하시어 저들로 하여금 자기네가 짐승들과 다를 바 없음을 알게 하신다, 하였다. 사람이 당하는 일을 짐승도 당하니 둘의 운명이 똑같고 사람이 짐승보다 나을 바가 없음은 모두가 헛되기 때문이다. 둘 다 티끌에서 왔다가 티끌로 돌아가는 것. 사람은 넋이 위로 올라가고 짐승은 넋이 땅속으로 내려가는 줄, 누가 안단 말인가!

그런즉 내 생각에 사람이 자기 손으로 하는 일을 즐기는 것보다 좋은 일이 없더라. 그것은 저마다의 몫이다. 죽어서 어찌 될는지, 그걸 알려주려고 누가 죽은 자를 데려올 것인가?

"사람이 자기 손으로 하는 일을 즐기는 것보다 좋은 일이 없더라." 자기 손으로 하는 일이 즐거운 사람. 행복한 사람. 사람한테 그런 사람으로 되는 것보다 좋은 게 무엇이랴? 그런데 어쩔 것인가? 제 손으로 하는 일이 즐겁기는 관두고 오히려 괴로운 사람들이 저토록 많은 세상인 것을.

산 자들보다 오래 전에 죽은 자들이
[전 4:1-3]

또 내가 하늘 아래 억울한 일 당하는 사람들을 보았더니, 아아, 억울한 자들이 눈물을 흘리건만 위로해주는 이 아무도 없더라. 권세 있는 것들한테 억눌리는 사람을 편들어주는 이 아무도 없더라. 그러므로 내가 이르기를, 산 자들보다 오래 전에 죽은 자들이, 아니 그들보다 아예 태어나지를 않아서 하늘 아래 벌어지는 온갖 악한 일들을 보지 못한 자들이 더욱 복되다, 하였다.

"산 자들보다 오래 전에 죽은 자들이, 아니 그들보다 아예 태어나지를 않아서 하늘 아래 벌어지는 온갖 악한 일들을 보지 못한 자들이 더욱 복되다." 이른바 염세철학의 명제다. 그렇게 보면 영락없이 그렇다. 하지만 솔로몬의 생각은 여기에서 끝나지 않는다. 그래서 이렇게 생각한 적이 한때 있었다고 말하는 거다.

바보 같은 짓이긴 마찬가지
[전 4:4-7]

내가 보니 사람들이 온갖 수고를 하고 여러 가지로 꾀를 부리다가 시새우는 이웃의 눈총을 받기도 하던데, 그 또한 바람을 움켜잡듯 헛된 짓이더라. 그런가 하면 어떤 자들은 팔짱 끼고 놀다가 말라죽던데 바보 같은 짓이긴 마찬가지다. 두 손 가득 바람을 움켜잡으려고 애쓰느니 한 움큼으로 만족하는 것이 낫다.

"두 손 가득 바람을 움켜잡으려고 애쓰느니 한 움큼으로 만족하는 것이 낫다." 이래도 저래도 마찬가지로 허망이면 둘 하는 것보다 하나 하는 게 낫고 하나 하는 것보다 안 하는 게 낫다. 그래서 옛 어른 이르시기를 산도 없느니만 못하다[山不如無] 했느니.

하늘 아래 벌어지는 헛짓거리 하나 더
[전 4:8]

　나는 하늘 아래 벌어지는 헛짓거리 하나를 더 보았다. 아들도 형제도 아무도 없는 홀몸으로 끝없이 수고하여 재산을 모으면서 스스로 만족할 줄 모르던 자가 마침내 속으로 탄식하기를, 누구 좋으라고 이 고생을 했더란 말인가, 이러고 있으니, 또한 괜한 헛수고렷다.

　"아들도 형제도 아무도 없는 홀몸으로 끝없이 수고하여 재산을 모으면서 스스로 만족할 줄 모르던 자가 마침내 속으로 탄식하기를," 스스로 만족할 줄 모르면 입신출세하여 온갖 부귀영화를 누린들 그게 모두 무슨 티끌이랴? 그래서 노자(老子) 이르기를, 만족할 줄 모르는 게 재앙이라 하였지.

혼자 애쓰는 것보다 둘이 함께 하는 것이 나으니
[전 4:9-12]

혼자 애쓰는 것보다 둘이 함께 하는 것이 나으니, 저들의 수고가 보상을 받겠기 때문이다. 둘 가운데 하나가 넘어지면 다른 하나가 붙잡아 일으켜주거니와 외톨이는 넘어져도 일으켜 세워줄 사람 없으니 참으로 딱한 일이다. 둘이 함께 누우면 몸이 따뜻해지지만 혼자 누워서야 어찌 따뜻할 수 있으랴? 혼자서는 못 견딜 일도 둘이서는 견딜 수 있으니, 세 겹으로 꼰 줄은 쉬이 끊어지지 않는 법이다.

"혼자 애쓰는 것보다 둘이 함께 하는 것이 나으니," 혼자라는 건 본디 없는 것. 인간의 출생 자체가 둘의 합작 아닌가? 무엇을 혼자서 한다는 것은 그렇게 생각하는 자의 착각에 지나지 않는다.

거지로 태어나 왕으로 되는 자 있으니
[전 4:13-17]

  가난하여도 슬기로운 소년이 늙고 완고하여 남의 말 들을 줄 모르는 왕보다 낫다. 거지로 태어나 왕으로 되는 자 있으니 저가 감옥에서 나와 왕위에 오르기도 하는 것이다. 내가 보니 왕에 버금하여 일어선 소년 주변에 하늘 아래 인간들이 죄다 모여들더라. 하지만 무수한 백성이 저의 다스림을 받았다 한들, 뒷날에 아무도 그를 달가워하지 않을 터인즉, 그 또한 바람 잡듯 헛된 일이다.

  "무수한 백성이 저의 다스림을 받았다 한들, 뒷날에 아무도 그를 달가워하지 않을 터인즉." 사람이 제 존재의미와 가치를 저 아닌 다른 무엇에서 얻으려 한다면 입신출세하여 온갖 부귀영화를 누린들 그 허탈한 속을 누가 있어 채워줄 것인가?

함부로 입 열지 마라
[전 5:1-7]

하느님 성전에 들어갈 때는 삼가 발걸음을 조심하여라. 가까이에서 말씀 듣는 것이 어리석은 자들의 제사보다 낫다. 저들이 악을 행하면서 저희가 그러는 줄을 모르기 때문이다.

하느님 앞에서 함부로 입 열지 말고 급한 마음으로 말을 뱉지도 마라. 하느님은 하늘에 계시고 너는 땅에 있다. 그러므로 마땅히 말을 적게 할 일이다. 걱정이 많으면 꿈자리가 어수선해지고, 말이 많으면 바보 같은 소리가 나오는 법.

하느님께 서약한 것 있거든 서둘러 그대로 하여라. 하느님은 어리석은 자를 기뻐 아니하시니, 서약은 반드시 지킬 일이다. 서약하고 지키지 않는 것보다 처음부터 서약하지 않는 것이 더 낫다. 스스로 한 말 때문에 몸으로 죄 짓는 일이 없도록 하여라. 하느님의 심부름꾼 앞에서 내가 말로 실수했다고 핑계대려 하지 마라. 네가 한 말에 하느님이 화를 내시어, 애써 수고한 것이 물거품으로 돌아가게 할 이유가 무엇이냐? 꿈이 많으면 헛된 것도 많고, 말이 많아도 그와 같으니, 너는 다만 하느님 두려운 줄 알면서 살아야 한다.

"꿈이 많으면 헛된 것도 많고, 말이 많아도 그와 같으니, 너는 다만 하느님 두려운 줄 알면서 살아야 한다." 뭐든지, 그게 아무리 좋은 거라도, 너무 많으면 탈이다. 그중에 사람의 말이 더욱 그러하니 지혜로울수록 말이 어눌하고 어리석을수록 말만 청산유수다.

높은 자보다 높은 자가 있고
[전 5:8]

어디에서 가난한 자들 못살게 굴고 정의가 짓밟히는 게 보이더라도 어리둥절할 것 없다. 높은 자보다 높은 자가 있고 그들보다 더 높은 이가 있어서 모든 것을 굽어보느니.

"가난한 자들 못살게 굴고 정의가 짓밟히는 게 보이더라도 어리둥절할 것 없다." 본디 그런 거다. 누르던 놈이 눌리고 눌리던 놈이 누르는, 이게 세상이다. 다만 주인공 얼굴이 서로 바뀔 뿐. 진정한 공정(公正)이 무엇인지를 이런 세상 아닌 다른 어디에서 배우겠는가?

땅의 소출은 만인을 위해서 있는 것
[전 5:9]

    땅의 소출은 만인을 위해서 있는 것. 임금도 밭에서 나는 것을 먹는다.

"임금도 밭에서 나는 것을 먹는다." 임금도 사람이다. 밭에서 나는 것 먹을 권리가 있다. 어머니 땅이 주시는 것을 어느 자식이 독점한단 말인가? 밥은 하늘이다.

재물 좋아하는 자, 재물로 만족 못하고
[전 5:10-12]

재물 좋아하는 자, 재물로 만족 못하고 배부름 좋아하는 자, 아무리 배불러도 만족 못하니 모두가 헛된 일이다. 재산이 많으면 먹는 입도 많은 법, 가진 자의 눈요기 말고 다른 무엇이겠느냐? 가난한 일꾼은 많이 먹든 적게 먹든 단잠을 자지만, 부자 주인은 배가 너무 불러서 잠을 못 이루더라.

"재물 좋아하는 자, 재물로 만족 못하고." 무엇을 좋아하는 거야 상관없는 일이지만 그것을 욕심내니 탈이다. 사람의 욕심이란, 무엇에 대한 욕심이든, 아무리 채워도 채워지지 않는 깨어진 독 같은 것. 백날 해도 안 될 것을 시도하니 처음부터 헛된 일이다.

아들이 있어도 물려줄 것이 없고
[전 5:13-17]

내가 또 하늘 아래에서 어이없는 일을 보았다. 재산 많은 자가 재산 때문에 망신당하고 뜻밖의 재난으로 그 많던 재물 모두 사라지니 아들이 있어도 물려줄 게 없더라. 저가 어미 배에서 나올 때처럼 벌거숭이로 돌아가는데 애써 모은 재물 가운데 어느 것 하나 가져가지 못하니, 이 또한 헛된 일이다. 바람을 잡으려고 수고한들 그게 다 무슨 소용인가! 한평생 어둠 속에 살면서 온갖 번뇌와 질병과 분노로 괴로워하는 인생인 것을.

"바람을 잡으려고 수고한들 그게 다 무슨 소용인가!" 집착하지 말라는 것은 집착할 수 있는데 하지 말라는 게 아니다. 네가 손으로 잡을 수 있는 아무것도 없으니 괜한 수고 하지 말라는 거다.

하느님이 허락하신 만큼 먹고 마시고
[전 5:18-20]

사람이 하늘 아래 살면서 하느님이 허락하신 만큼 먹고 마시며 자기가 수고한 일로 보람을 느끼고 즐기는 것이 더없이 좋고 아름다운 일이요, 그것이 그의 몫임을 나는 보았다.

누구든지 하느님이 주신 재물과 넉넉함을 자기 몫으로 받은 사람은 그것이 하느님의 선물인 줄 알고 즐길 일이다. 하느님은 저가 얼마나 오래 사는지에 관심두지 아니하시고 다만 그가 마음으로 기뻐하는 것에 응해주실 따름이다.

"사람이 하늘 아래 살면서 하느님이 허락하신 만큼 먹고 마시며 자기가 수고한 일로 보람을 느끼고 즐기는 것이 더없이 좋고 아름다운 일이요." 이 글의 뼈대가 되는 두 마디 가운데 첫 번째 말이다. 사람한테 무엇이 있다면 하느님이 몸소 주신 것 아니면 제가 만들거나 누가 준 것인데 둘 다 하느님이 허락하신 것이다. 그러므로 모든 게 좋은 것이다. 좋은 것을 좋아하고 즐길 줄 아는 사람이 세상에 저토록 드문 것이야말로 진짜 이상한 일이다.

천 년을 두 번 산다 한들
[전 6:1-6]

내가 하늘 아래에서 사람 마음을 무겁게 하는 어이 없는 일 하나를 보았으니, 마음의 소원이 모두 이루어져 부귀영화와 높은 자리를 아쉬울 것 없이 받았으나 그것들을 누리지 못한 채 엉뚱한 사람에게 넘겨주는 경우가 있더라. 헛될 뿐 아니라 참으로 딱한 일이다.

사람이 자식을 백 명이나 두고 명이 길어서 아무리 오래 산들 마음으로 만족할 줄 모르고 죽어서도 평안하게 묻히지 못한다면 차라리 어미 뱃속에서 죽은 아이가 저보다 낫지 않겠는가? 어미 뱃속에서 죽어 세상에 왔으나 햇빛도 못 보고 어둠속에서 돌아가 이름조차 없어도, 이 아이가 저 늙은이보다 편한 신세라. 저가 비록 천 년을 두 번 산다 한들 그 인생에 즐거움이 없다면 결국 같은 곳으로 돌아가는 것일 따름이다.

> "저가 비록 천 년을 두 번 산다 한들 그 인생에 즐거움이 없다면." 오래 산다고 해서 좋은 게 아니다. 하루를 살더라도 그 하루를 어떻게 사느냐로 좌우되는 것이 인생의 화복(禍福)이다.

인생의 도리를 안다 한들
[전 6:7-9]

사람이 수고하는 게 모두 잘 먹자고 하는 일인데 아무리 먹어도 식욕을 다 채우지는 못하는 법. 머리 잘 돌아가는 자가 우둔한 자보다 나을 것이 무엇이냐? 인생의 도리를 안다 한들 그 또한 찢어지는 가난 앞에서 무슨 소용이란 말인가? 눈으로 보는 것이 마음으로 공상하는 것보다 낫기야 하겠지만, 그 또한 바람 잡듯이 헛된 일이다.

"인생의 도리를 안다 한들 그 또한 찢어지는 가난 앞에서 무슨 소용이란 말인가?" 인생의 도리를 머리로만 알았으니 그런 거다. 인생의 도리를 몸으로 알면 찢어지는 가난조차도 고맙고 즐겁기만 한 것이다. 공구(孔丘)가 자기보다 낫다고 칭송한 그의 극도로 가난했던 제자 안연(顔淵)처럼.

말이 많으면 제 입만 고달플 따름
[전 6:10-12]

일어나는 온갖 일이 오래 전에 이미 정해진 일이고 그게 무엇인지를 사람이 안다 한들 저보다 힘센 이 앞에서 그 이유를 따질 무슨 능력이 있으랴? 말이 많으면 제 입만 고달플 따름, 아무 소용이 없더라. 하루살이 목숨으로 모든 나날을 그림자처럼 보내는 인생에 무엇이 좋은지 뉘 알 것이며, 그가 죽은 다음 하늘 아래에서 무슨 일이 벌어질지 또한 뉘 알고 그것을 일러주겠는가?

"저보다 힘센 이 앞에서 그 이유를 따질 무슨 능력이 있으랴?" 아무리 영리하고 재주가 많아도 사람이 제 힘으로 할 수 없는 일은 얼마든지 있다. 그에 대하여 투덜거려봤자 입만 고달플 뿐.

지혜로운 자는 마음이 초상집에 있고
[전 7:1-4]

명예가 비싼 기름보다 낫고, 죽는 날이 태어나는 날보다 낫고, 초상집에 가는 것이 잔칫집에 가는 것보다 낫다. 이는 모든 사람의 길이라, 살아있는 자 마음에 두어 마땅할지라. 슬퍼하는 것이 웃는 것보다 낫다. 얼굴에 시름은 서리겠지만 그 마음은 정돈될 터이다. 지혜로운 자는 마음이 초상집에 있고 어리석은 자는 마음이 잔칫집에 있다.

"지혜로운 자는 마음이 초상집에 있고 어리석은 자는 마음이 잔칫집에 있다." 슬픔과 즐거움이 동떨어진 둘이 아니라 하나의 다른 얼굴인데, 슬픔에서 즐거움을 보는 것과 즐거움에서 슬픔을 보는 것, 어느 쪽이 지혜로운가? 고진감래(苦盡甘來)면 축복이요 감진고래(甘盡苦來)면 재앙이다.

지혜로운 이에게 꾸중 듣는 것이
어리석은 자에게 칭찬 듣는 것보다 낫다
[전 7:5-7]

지혜로운 이에게 꾸중 듣는 것이 어리석은 자에게 칭찬 듣는 것보다 낫다. 어리석은 자의 웃음은 아궁이에서 가시나무 타는 소리 같으니, 또한 헛된 것이라.

탐욕은 지혜로운 자를 어리석은 자로 만들고 뇌물은 사람을 못 쓰게 망가뜨린다.

"지혜로운 이에게 꾸중 듣는 것이 어리석은 자에게 칭찬 듣는 것보다 낫다." 중요한 것은 어떤 말이 꾸중이냐 칭찬이냐가 아니라 그 말을 누가 하느냐에 달려있다.

지금보다 옛날이 낫지 않으냐고 묻지 마라
[전 7:8-10]

일은 시작하기보다 끝맺기가 낫고, 교만한 것보다 참는 것이 낫다. 급한 마음으로 짜증내지 마라. 짜증은 어리석은 자의 품에 있는 것. 지금보다 옛날이 낫지 않으냐고 묻지 마라. 지혜로운 이는 그런 질문 하지 않는다.

"지금보다 옛날이 낫지 않으냐고 묻지 마라." 오늘은 지금 여기에 있는 날이고 옛날은 세상 어디에도 없는 날이다. 없는 무엇을 있는 무엇에 어찌 견준단 말인가?

지혜는 물려받는 유산처럼 좋은 것
[전 7:11-12]

지혜는 물려받는 유산처럼 좋은 것. 햇빛 받으며 사는 사람 치고 그 혜택을 입지 않는 자 없더라. 지혜의 그늘 아래 사는 것이 돈의 그늘 아래 사는 것과 같긴 하지만, 지혜가 더 좋은 까닭은 그것이 사람 생명을 지켜주기 때문이다.

"지혜의 그늘 아래 사는 것이 돈의 그늘 아래 사는 것과 같긴 하지만," 사람은 몸과 마음으로 존재하는 까닭에 물질과 정신이 고루 필요하다. 하지만 몸이 움직여서 마음이 동하는 게 아니라 마음이 동해서 몸이 움직이는 것이기에 돈보다 지혜가 먼저고 나중이다.

이도 저도 하느님이 하시는 일이고
[전 7:13-14]

하느님이 하시는 일을 보라. 그분이 구부려놓은 것을 뉘 능히 곧게 펼 수 있겠느냐?

일이 잘 풀리는 날에는 기뻐하고 일이 어긋나는 날에는 깊이 생각하라. 이도 저도 하느님이 하시는 일이고, 그 누구도 한 치 앞을 미리 알 수 없느니.

"이도 저도 하느님이 하시는 일이고," 누가 무엇을 한다는 건 그가 살아있어서 가능한 일이다. 달리 말하면, 길이요 진리요 생명인 그분이 그 사람 안에 살아계셔서 그래서 그가 그 일을 하는 것이다. 이 명백한 진실을 아는 사람이 뜻밖에 드물구나.

이것을 잡되 저것을
버리지 않는 것이 잘하는 짓이다
[전 7:15-20]

　내가 덧없는 세월 보내면서 세상 온갖 일을 겪다보니, 바르게 살다가 젊어 죽는 의인이 있는가하면 못된 일 골라 하면서 오래 사는 악인도 있더라. 너무 옳게 살려고, 너무 지혜롭게 살려고, 애쓸 것 없다. 어찌하여 스스로 인생을 망치려 하느냐? 너무 못되게 살려고, 너무 어리석게 살려고, 애쓸 것도 없다. 어찌하여 때가 되기도 전에 죽으려 하느냐? 이것을 잡되 저것을 버리지 않는 것이 잘하는 짓이다. 하느님 두려워하는 자들은 어느 한쪽으로 치우치지 아니하리라.

열 성주가 성읍을 지켜주는 것보다 지혜로운 자를 지혜가 더 잘 지켜준다. 아무리 착한 사람이라 하여도 그가 착한 짓만 하고 죄를 짓지 않는 그런 경우는 세상에 없다.

"이것을 잡되 저것을 버리지 않는 것이 잘하는 짓이다." 선과 악은, 남과 북처럼, 정반대면서 떨어질 수 없는 한 몸이다. '이것 아니면 저것'은 부분을 보는 눈에 들어오는 진실이고 '이것도 저것도'는 전체를 보는 눈에 들어오는 진실이다. 노자(老子) 이르기를, 영광을 알면서 욕됨을 간직하면 천하의 골짜기로 된다[知其榮守其辱爲天下谷] 하였다. 하나에서 둘이 나왔으니 둘이 하나로 되는 것이 옳다.

사람들 하는 말에 귀 기울일 것 없다
[전 7:21-22]

사람들 하는 말에 귀 기울일 것 없다. 네 종이 너를 욕할 수도 있는 일이다. 너 또한 남들 욕한 적이 있지 않으냐?

"사람들 하는 말에 귀 기울일 것 없다." 사람의 말은 바가지 같아서 아무리 완벽한 말도 옹근 진실의 반쪽만 담을 수 있을 뿐이다. 그러니 듣기는 하되 그 속에 빠져들지는 말 것이다.

깊고 깊은 세상일을 뉘 능히 알겠는가?
[전 7:23-25]

내가 온갖 지혜를 동원하여 이 모든 것을 알고자 하였고 스스로 지혜로운 줄 알았더니 어림없는 일이었다. 저 깊고 깊은 세상일을 뉘 능히 알겠는가? 내가 마음을 돌이켜 지혜와 총명함이 무엇인지를 깊이 들여다보니, 못된 짓이 곧 어리석은 짓이요 어리석은 짓이 곧 얼빠진 짓인 줄을 알겠더라.

"내가 온갖 지혜를 동원하여 이 모든 것을 알고자 하였고 스스로 지혜로운 줄 알았더니 어림없는 일이었다." 하나를 알면 그 때문에 모르는 것 둘이 생기는 법. 그러기에 지인(至人)은 자기가 아는 것이 없음을 아는 사람이다, 소크라테스처럼.

마음이 올무와 그물 같고
손이 동아줄 같은 여자는 죽음보다 독해서
[전 7:26]

마음이 올무와 그물 같고 손이 동아줄 같은 여자는 죽음보다 독해서, 하느님 기쁘시게 해드리는 자는 벗어나지만 죄인은 사로잡히고 만다.

"하느님 기쁘시게 해드리는 자는 벗어나지만 죄인은 사로잡히고 만다." 당연하다. 누가 아무리 독하다 해도 저에게 눈길 주지 않는 사람을 무슨 수로 움켜잡겠는가?

내가 이것 하나는 깨달았으니
[전 7:27-29]

전도자는 말한다. 내 비록 마음을 쏟아서 낱낱이 살피고 들여다보았지만 아무 찾은 것이 없구나. 그것을 찾는 사람이 일천 남자들 가운데 하나 있을까? 여자는 아예 없고.

그러나 이것 하나는 깨달았으니, 하느님은 사람을 단순하게 지으셨지만 사람들이 잔꾀로 복잡해진 것이다.

"하느님은 사람을 단순하게 지으셨지만 사람들이 잔꾀로 복잡해진 것이다." 사람의 문제는 복잡해서 문제고 하늘의 답은 간단해서 답이다. 사람이 잘 늙으면 아이처럼 단순해지고 잘못 늙으면 갈수록 복잡해지는 까닭이 여기에 있다.

지혜는 사람 얼굴을 환하게 하고
[전 8:1]

그런즉 누가 지혜로운 사람이며 누가 이치를 깨쳐서 세상일을 제대로 풀 사람인가? 지혜는 사람 얼굴을 밝게 하고, 찌푸린 얼굴을 활짝 펴서 웃음 짓게 한다.

"지혜는 사람 얼굴을 밝게 하고," 사람 얼굴은 그의 내면을 비치는 창이다. 지혜가 누구의 속을 빛으로 채우니 그 사람이 밖으로 환할 수밖에.

왕의 명령에 복종하라
[전 8:2-6]

아무쪼록, 하느님 앞에서 맹세한 대로, 왕의 명령에 복종하여라. 뭐든지 하고 싶은 대로 하는 게 왕이니, 어전에서 급히 물러서지 말고 그가 싫어하는 일은 하지 마라. 왕한테는 권위가 있다. 누가 감히 왕에게 왜 이러느냐고 따질 것인가? 왕명에 따르는 자는 화를 입지 않는다.

생각이 지혜로운 사람은 언제 어떻게 할 것인지를 잘 안다. 만사에 때가 있고 방법이 있어서 그것을 잘 가리지 못하면 크게 화를 당할 것이다.

"왕명에 따르는 자는 화를 입지 않는다." 맞는 말이다. 아무리 사악한 왕이라도 제가 하라는 대로 하는 자를 벌주겠는가? 하지만 아무리 사악한 왕이라도 죽음을 각오하고 대드는 사람 못 막는다.

아무도 장래 일을 미리 알 수 없으니
[전 8:7-8]

    아무도 장래 일을 미리 알 수 없으니 장차 어찌 될 건지를 누가 말할 수 있으랴? 제 목숨 끈을 붙잡아둘 사람이 없고, 죽는 날을 맘대로 정할 사람도 없으며, 전쟁을 피할 사람이 없고 못된 짓 하고서 살아남을 사람도 없다.

"장차 어찌 될 건지를 누가 말할 수 있으랴?" 장래 일은 아무도 알 수 없지만 지금 저에게서 이루어지고 있는 일은 누구나 알 수 있고 알아야 한다.

땅 위에서 벌어지는
일을 보니 모두가 허사더라
[전 8:9-14]

내가 하늘 아래 벌어지는 온갖 일을 살펴보았다. 사람이 사람을 맘대로 주물러 해치다가 화를 입기도 하고 못된 자들이 죽어 무덤으로 들어가는데, 착한 사람들 또한 그들이 살던 성읍에서 잊히고 마니 그 또한 말짱 헛일이더라. 못된 짓을 해도 곧장 벌을 받지 않아서 사람들이 더욱 담대히 못된 짓을 하고 백 번이나 죄를 짓고도 버젓이 오래 살더구나.

하느님 두려워하며 그 앞에서 삼가 조심히 사는 사람이 매사에 잘되고 하느님 두려운 줄 몰라 함부로 사는 자가 하루살이처럼 사라지는 건 당연하지만 땅 위에서 벌어지는 일을 보니 모두가 허사더라. 못된 자의 몫이 착한 이에게 돌아가고 착한 이의 몫이 못된 자에게 돌아가니, 그래서 내가 말하기를 이 또한 헛되다 한 것이다.

> "땅 위에서 벌어지는 일을 보니 모두가 허사더라." 당연한 일이 당연하게 벌어지지 않는 거기가 땅이다. 그래도 그런 곳에서 살아야 하는 것이 인간의 숙명이다. 자, 어찌 할 것인가?

60

즐거움이 으뜸이라
[전 8:15-16]

　그러므로 나는 즐거움이 으뜸이라 말하겠다. 하늘 아래에서 사람이 먹고 마시며 즐기는 것보다 더 나은 무엇이 있겠는가? 즐거움이 없다면 하느님이 허락하신 짧은 생을 사는 동안 하늘 아래 사람들이 무슨 맛으로 수고하며 애쓸 것인가?

"하늘 아래에서 사람이 먹고 마시며 즐기는 것보다 더 나은 무엇이 있겠는가?" 그래서 전도자는 말한다, 네 인생을 즐기라고. 쾌락은 안 좋은 것이 아니다. 하지만 쾌락주의는 좋지 않은 결과를 낳는다. 악의 뿌리는 돈이 아니다. 돈을 사랑하는 것이 만 가지 악의 뿌리다.

사람 머리로 알 수 있는 무엇이 아니다
[전 8:17]

내가 온갖 지혜를 동원하여 사람들이 밤낮 눈도 붙이지 못하며 고생하는 까닭을 알고자 하였으나 도무지 알지 못하겠더라. 스스로 지혜롭다 여기는 자라도 하늘 아래에서 하느님이 하시는 일을 능히 알지 못하리니, 사람 머리로 알 수 있는 무엇이 아니기 때문이다.

"하늘 아래에서 하느님이 하시는 일을 능히 알지 못하리니," 세상 일을 머리로 이해하려는 것은 양동이로 강물을 담으려는 것 같은 터무니없는 시도다. 도무지 이해할 수 없는 일이 눈앞에서 벌어지는 것은 그게 하느님이 하시는 일이기 때문이다. 눈멀어 태어난 사람의 비밀을 누가 알 것인가?

사람마다 마지막이 똑같은 이것이야말로
[전 9:1-3]

내가 마음을 다하여 이 모든 일을 깊이 살펴보니, 의로운 사람이나 지혜로운 사람들 하는 짓이 결국은 하느님 손바닥에 있거니와 하느님이 장차 그들을 사랑하실지 미워하실지 그건 아무도 알 수 없겠더라. 너나 할 것 없이, 똑같은 운명이 모든 사람을 기다린다. 착한 사람과 악한 사람, 깨끗한 사람과 더러운 사람, 제사 드리는 사람과 제사 드리기를 꺼려하는 사람, 모두가 일반이라. 선한 사람과 죄인이 다를 것 없고 하느님께 맹세하는 사람이나 맹세하기를 겁내는 사람이나 마찬가지다.

사람마다 마지막이 똑같은 이것이야말로 하늘 아래에서 벌어지는 더없이 난처한 일이다. 게다가 사람들 마음이 악으로 가득하여 평생을 정신 나간 상태로 살다가 결국 죽은 자들에게로 돌아가는구나.

"너나 할 것 없이, 똑같은 운명이 모든 사람을 기다린다." 알몸으로 세상에 태어나 살만큼 살다가 알몸으로 죽는 운명에서 누가 제외될 것인가? 하지만 그것은 겉 사람만 볼 때 얘기다. 보이지 않는 속사람을 두고서 같은 말을 할 수는 없는 일이다. 어떤 사람은 죽었다가 살아나서 영원히 살고 어떤 사람은 처음부터 죽지 않고 영원히 산다.

산 자들과 어울리는 데 희망이 있다
[전 9:4-6]

    그렇다, 산 자들과 어울리는 데 희망이 있다. 그래서 살아있는 개가 죽은 사자보다 낫다는 거다. 산 사람은 자기가 죽는 줄 알지만 죽은 사람은 아무것도 모르니, 그 이름마저 잊힌 자에게 무슨 좋은 일이 생기겠는가. 사랑도 미움도 시새움도 사라진 지 이미 오래라, 하늘 아래 벌어지는 어떤 일도 그의 몫으로 돌아오지 않는다.

    "산 사람은 자기가 죽는 줄 알지만 죽은 사람은 아무것도 모르니." 누가 살아있다는 것은 그가 무엇을 안다는 거다. 산 사람은 자기가 살아있는 걸 알지만 죽은 사람은 자기가 죽었다는 걸 모른다. 어제 산 사람이 오늘 살 수는 있지만 어제 죽은 사람이 오늘 죽을 수는 없다. 몸은 멀쩡하게 살았지만 영혼이 죽은 그런 사람들과 어울리면 따라서 죽게 된다. 그래서 몸과 영혼이 살아있는 사람들과 어울리는 데 희망이 있다는 얘기다.

사랑하는 이와 더불어 마지막 날까지 즐기며 살라
[전 9:7-10]

　너는 가서 아무쪼록 기쁨으로 네 몫의 음식을 먹고 즐거움으로 네 몫의 술을 마셔라. 너희가 하는 모든 일을 하느님께서 기꺼이 받아주시기에 하는 말이다. 언제나 머리에 기름을 바르고 옷은 깨끗하게 빨아서 입어라. 하늘 아래에서 허락받은 덧없는 인생, 사랑하는 이와 더불어 마지막 날까지 즐기며 살아라. 이 것이야말로 이 땅에서 네가 수고하여 얻는 너의 몫이다. 무슨 일이든지 손닿는 대로 착실히 하여라. 네가 장차 가게 될 저승에는 일도 없고 계획도 없고 지식도 없고 지혜도 없다.

> "너는 가서 아무쪼록 기쁨으로 네 몫의 음식을 먹고 즐거움으로 네 몫의 술을 마셔라." 전도자의 중심 메시지. 이왕 가는 길, 아니 갈 수 없는 길, 기쁨으로 가자. 무엇이 기쁨이냐 슬픔이냐를 결정하는 것은 그 무엇이 아니라 그에 대한 본인의 생각으로 조성되는 마음상태다.

힘이 세다 해서 싸움에 이기는 것 아니고
[전 9:11-12]

내가 다시 하늘 아래 벌어지는 일들을 살펴보니, 발걸음이 빠르다 해서 먼저 도착하는 것 아니고, 힘이 세다 해서 싸움에 이기는 것 아니고, 슬기롭다 해서 먹을거리가 생기는 것 아니고, 머리 좋다 해서 재물을 모으는 것 아니더라. 누구나 때 되면 불행이 닥친다.

대체로 사람이 자기 죽는 때를 모르니, 저마다 그물에 걸리는 고기 같고 올무에 얽히는 새 같아서 갑자기 닥치는 재난을 피할 길이 없구나.

"대체로 사람이 자기 죽는 때를 모르니." 언제 죽을지 그건 아무도 모르지만 언제고 죽는다는 건 누구나 알고 있다. 문제는 이 분명한 사실을 많은 사람이 마음으로 부인하거나 거절하는 괜한 짓을 하느라고 유일하게 살 수 있는 오늘 하루 충실히 살지 못한다는 데 있다.

지혜가 힘보다 낫기는 하다만
[전 9:13-18]

　나는 또 하늘 아래에서 지혜가 어떻게 대접받는지를 보았다. 사는 사람이 많지 않은 작은 성을 큰 나라 힘센 왕이 에워싸고 장차 성벽을 허물려 하는데 마침 그 성에 지혜로운 사람이 있어 그의 지혜로 성을 지킬 수 있었으나 그가 가난한 까닭에 아무도 그의 말을 귀기울여 듣지 않더라. 그러므로 내가 이르기를, 지혜가 힘보다 낫기는 하다만 지혜로운 사람이 가난하니 아무도 그 말에 귀를 기울이지 않는구나, 하였다.

　지혜로운 사람의 조용한 말이 어리석은 왕의 호령보다 낫고 지혜가 그 어떤 무기보다 낫지만, 한 사람 잘못으로 선량한 많은 사람이 잘못될 수 있다.

> "지혜가 힘보다 낫기는 하다만 지혜로운 사람이 가난하니 아무도 그 말에 귀를 기울이지 않는구나." 지혜로운 사람의 지혜가 힘을 쓰지 못하는 것은 그가 가난해서가 아니라 그를 보는 사람들이 어리석기 때문이다. 어리석은 대중한테는 성인군자도 나무 작대기다.

죽은 파리가 향유에서 악취를 풍기듯
[전 10:1-4]

죽은 파리가 향유에서 악취를 풍기듯, 작은 어리석음이 존귀함과 지혜로움을 망가뜨린다. 지혜로운 사람 마음은 오른쪽에 있고 어리석은 사람 마음은 왼쪽에 있다. 어리석은 사람은 지혜가 없어서, 만나는 모든 사람에게 어리석은 말만 한다. 왕이 너에게 화를 내더라도 급히 자리를 떠나지 마라. 공손함이 큰 허물을 덜어줄 수 있다.

"지혜로운 사람 마음은 오른쪽에 있고 어리석은 사람 마음은 왼쪽에 있다." 북쪽을 바라고 서있는 사람에게는 오른쪽에서 해가 뜨고 왼쪽으로 해가 진다. 우주의 모든 별을 돌아가게 하면서 저는 돌지 않고 제 자리를 지키는 별이 있는 거기가 북쪽이다. 온 세상이 뒤죽박죽이지만 그렇게 세상을 죽여서 다시 살리는 하느님은 영구불변이시다.

하인들이 말을 타고 상전들은 땅 위를 걷고
[전 10:5-7]

나는 하늘 아래에서 벌어지는 안 좋은 일들 가운데 이런 것도 보았다. 다스리는 자가 어리석은 사람을 높은 자리에 앉히고 재능 있는 사람을 낮은 자리에 앉히더라. 또 내가 보니 하인들이 말을 타고 상전들은 땅 위를 걷기도 하더구나.

"하인들이 말을 타고 상전들은 땅 위를 걷기도 하더구나." 이런 일은 시대가 따로 없나? 오늘의 장관이나 국회의원들이 가난한 백성 위에서 어떻게 큰소리치며 사는지를 보면…

70

함정을 파는 자가 함정에 빠지고
[전 10:8-11]

함정을 파는 자가 함정에 빠지고, 담벼락 허무는 자가 뱀에 물리고, 돌 캐는 자가 돌조각에 다치고, 나무 쪼개는 자가 나뭇가지에 상처받는 법. 무뎌진 도끼는 날을 갈아야 힘이 덜 들고, 슬기롭게 일하면 능률도 오른다. 뱀을 홀리지 못하면 땅꾼도 별 수 없다.

"함정을 파는 자가 함정에 빠지고, 담벼락 허무는 자가 뱀에 물리고." 함정을 파는 자가 함정에 빠진 까닭은 함정을 팠기 때문이 아니라 지혜롭게 조심히 파지 않았기 때문이다.

지혜로운 사람은 말로 호감을 사지만
어리석은 사람은 입술로 자기를 삼킨다
[전 10:12-15]

지혜로운 사람은 말로 호감을 사지만 어리석은 사람은 입술로 자기를 삼킨다. 그 입술의 처음은 어리석음이요 나중은 패가망신이라. 어리석은 사람이 말도 많지만, 누구도 사람 일은 미리 알 수 없으니, 그가 죽은 뒤에 어찌 될지 누가 말해줄 수 있겠는가? 어리석은 사람은 수고하면 할수록 몸만 고단해지고, 자기 집도 제대로 찾아가지 못하더라.

"지혜로운 사람은 말로 호감을 사지만 어리석은 사람은 입술로 자기를 삼킨다." 같은 칼이 의사 손에 들리면 사람을 죽이고 강도 손에 들리면 사람을 살린다. 말의 내용보다 그 말을 누가 하느냐가 중요하다. "국민을 위하여"라는 말이 미련한 대통령 입에서 나오면 나라가 망하고 지혜로운 대통령 입에서 나오면 나라가 흥한다.

게으르면 들보가 내려앉고
[전 10:16-18]

철부지가 왕위에 앉고 신하들이 아침부터 잔치판을 벌이는 나라는 망할 것이요, 고귀한 인품이 왕위에 앉고 신하들은 입맛을 즐기기 위해서가 아니라 목숨 부지할 만큼 때를 좇아 요기하는 나라는 흥할 것이다.

게으르면 들보가 내려앉고, 손 놀리기 싫어하면 지붕이 샌다.

"철부지가 왕위에 앉고 신하들이 아침부터 잔치판을 벌이는 나라는 망할 것이요." 이런 나라가 망하지 않는다면 그거야말로 엄청난 기적이다. 그렇다면 요즘 세상, 이 무슨 기적인가?

잠꼬대로도 그를 비난하지 마라
[전 10:19-20]

"잔치는 즐기자고 하는 것이고 술이 있어야 살맛이 나고 돈으로 안 되는 일 없다"고 말하는 왕이 있거든 잠꼬대로도 그를 비난하지 마라. 침상에서도 부자들을 저주하지 마라. 낮에 하는 말은 새가 듣고 밤에 하는 말은 쥐가 듣는다.

"잠꼬대로도 그를 비난하지 마라." 슬기로운 사람은 어리석은 사람을 책망하지 않는다[賢不責愚]고 했다. 바보가 바보짓을 하는데 나무란들 달라지랴? 괜히 입만 더러워질 뿐.

돈 있으면 흐르는 물에 던져라
[전 11:1-2]

 돈 있으면 흐르는 물에 던져라. 얼마쯤 뒤면 되찾을 것이다. 한 군데 던지지 말고 대여섯 군데 던져라. 무슨 재앙이 땅에 떨어질는지 누가 아느냐?

"한 군데 던지지 말고 대여섯 군데 던져라." 돈이란 받는 건 한 군데서 받더라도 주는 건 여러 군데 나눠 줄 물건이다. 씨 한 톨이 수십 수백 배의 열매를 맺는 게 그런 이치다. 받은 돈을 누구에겐가 주지 않는 건 여러 사람 죽이는 자살행위다.

바람이 어디에서 어디로
부는지를 살피다가는 씨도 못 뿌리고
[전 11:3-6]

구름이 비로 가득 차면 비가 내리지 않을 수 없고 나무는 이리로 쓰러지든 저리로 쓰러지든 쓰러진 자리에 그대로 있다. 바람이 어디에서 어디로 부는지를 살피다가는 씨도 못 뿌리고 하늘의 구름만 쳐다보다가는 거두지를 못한다. 바람이 어느 길로 다니는지, 뱃속에서 아이의 뼈가 어떻게 자라는지, 그것을 네가 아느냐? 마찬가지다. 매사를 조물주 하느님이 어떻게 하실지, 너는 모른다. 아침에는 씨를 뿌리고 저녁에도 손을 놓지 마라. 이쪽이 잘 될지 저쪽이 잘 될지, 혹은 양쪽 다 잘 될지, 아무도 모르는 일이다.

"바람이 어디에서 어디로 부는지를 살피다가는 씨도 못 뿌리고." 나무가 열매를 거두는 것은 열매를 위해서 따로 무엇을 해서가 아니다. 제 몫으로 주어진 삶을 충실히 살다보니 절로 열매를 맺게 된 것이다. 사람이 하는 일도 그렇다. 배우가 연기하는 것은 관중 때문이 아니라 본인이 배우니까 하는 거다. 이를 제대로 알고 지키면 어느새 진짜 배우라는 말을 듣게 된다. 예수가 '성공'이란 말은 한 마디도 입에 담지 않고 열매라는 말은 기회 있을 때마다 하시는 게 그래서다.

빛은 참으로 아름다운 것
[전 11:7-8]

빛은 참으로 아름다운 것. 눈으로 해를 보는 것이야말로 즐거운 일이다. 사람이 얼마를 살더라도 캄캄한 날들이 있을 터인즉, 아무쪼록 하루하루 즐겁게 살 일이다. 아직 오지 않은 일들은 모두 헛된 것이다.

"아직 오지 않은 일들은 모두 헛된 것이다." 실은 아직 없는 일들이니 헛될 것도 없는 일들이다. 지나간 일 또한 이미 없는 것들이니 헛될 것 없기는 마찬가지다. "오, 주님. 제가 없는 시간 쓰느라 헛고생하지 말고 있는 시간이나 잘 쓰게 해주십시오."(시에나의 카타리나).

젊은이들아, 젊음을 즐겨라
[전 11:9-10]

젊은이들아, 젊음을 즐겨라. 젊은 날이 가기 전에, 하고 싶은 일 하고 보고 싶은 것 보면서 인생을 즐겨라. 그러나 네가 한 모든 일을 하느님이 심판하신다는 사실은 잊지 마라.

어린 시절과 젊은 날들, 모두가 물거품 같은 것. 마음에서 걱정을 떨쳐버리고 네 몸에서 온갖 악을 물리쳐라.

"젊은 날이 가기 전에, 하고 싶은 일 하고 보고 싶은 것 보면서 인생을 즐겨라." 형편이 허락되지 않는데 그럴 수 있느냐고 묻는 사람이 있겠지만, 그럴 수 있으니까 그러라는 거다. 예컨대, 여행하고 싶은데 그럴 형편이 못된다. 그러면 여행 포기하고 다른 재미를 찾아보아라. 여행만이 사람을 즐겁게 해주는 건 아니니까. 안될 이유가 없다.

조물주 하느님을 기억하라
[전 12:1-8]

아직 젊었을 때, 고달픈 날이 오기 전에, 살맛이 나지 않는다는 탄식이 입에서 나오기 전에, 너를 지으신 조물주 하느님을 기억하여라. 해와 달과 별들이 어두워지기 전에, 비오고 나서 다시 구름이 끼기 전에 그리하여라.

그날이 오면, 손발은 후들거리고, 허리는 굽어지고, 이는 갈 것 없는 맷돌처럼 오물거리고, 눈은 어두워 창밖을 내다보지 못하고, 바깥문 닫히듯 귀가 멀어 새소리도 노랫소리도 들리지 않고, 높은 언덕을 오르거나 길거리에 나서기가 겁나고, 살구나무 꽃 피듯이 머리는 백발 되고, 메뚜기도 무겁고, 이도저도 그저 귀찮기만 하다가 그러다가 영원한 집으로 돌아가면 문상객들이 거리를 오갈 것이다. 은사슬이 끊어지고 금 그릇이 깨어지고 샘 곁에서 항아리와 두레박이 부서지고 땅에서 온 티끌은 땅으로 돌아가고 하느님이 주신 숨은 하느님께로 돌아가리니, 그날이 오기 전에 조물주 너의 하느님을 기억하여라.

전도자가 말한다, 세상만사 헛되고 헛되며 헛되고 헛되구나.

"너를 지으신 조물주 하느님을 기억하여라." 젊은 날에 인생을 즐기라는 것이 전도자의 첫 번째 중심 메시지라면 조물주 하느님을 기억하라는 이것은 두 번째 중심 메시지다. 연(鳶)이 바람 타고 춤을 추는 것은 줄이 땅에 매여 있어서다. 지구별의 온갖 생물이 어머니 땅에 뿌리를 내려야만 사는 것처럼 사람이고 뭣이고 근본을 잃으면 진짜 허망이 아닐 수 없다. 조물주만 잊지 않으면 손발이 후들거리고 허리가 굽어지고 새소리 듣지 못해도 괜찮다, 상관없다, 뭐든지 고맙고 얼마든지 즐겁다.

지혜로운 말씀은 찌르는 송곳 같고
[전 12:9-12]

전도자는 지혜로운 사람이라, 백성을 가르치며 깊이 묵상하고 연구하여 많은 잠언들을 지어냈다. 힘써 아름다운 말들을 찾다가 참되게 사는 길을 가리키는 말이 있으면 적어두었다.

지혜로운 말씀은 찌르는 송곳 같고 스승의 말씀은 단단히 박힌 말뚝 같은 것. 모두가 한 분 목자께서 주신 것이다.

아들아, 하나 더 일러줄 말이 있구나. 책이란 아무리 많이 써도 끝이 없는 물건이다. 너무 많이 읽지 마라. 몸에 해롭다.

"힘써 아름다운 말들을 찾다가 참되게 사는 길을 가리키는 말이 있으면 적어두었다." 전도자의 지혜는 어디에서 뚝 떨어진 게 아니다. 살면서 겪는 크고 작은 경험들에서 배울 것 착실하게 배우고 명심할 것 빠뜨리지 않고 적어두는 이를테면 이런 성실함의 열매인 것이다.

이것이 사람의 본분이다
[전 12:13-14]

들을 만한 것 다 들었으니 부디 하느님 두려운 줄 알고 그분 말씀에 순종하여라. 이것이 사람의 본분이다.

네가 한 좋은 일과 나쁜 일을, 아무도 모르게 한 일까지도, 하느님이 심판하신다.

"부디 하느님 두려운 줄 알고 그분 말씀에 순종하여라." 이 한 마디에 이르고자 이런저런 말들이 꽤 많았구나. 그러기에 어느 한 마디 괜한 헛소리가 아니었다.

무무(无無)이현주의

아
가
서

나를 너에게로 당겨다오
[아 1:1-4]

더없이 아름다운 솔로몬의 노래.

네 입술에 입 맞추고 싶구나.
네 사랑이 포도주보다 달콤하고
너 바른 기름이 향기롭고
네 이름이 엎질러진 향유 같아서
그래서 뭇 아가씨들이 너를 사랑하지.

나를 너에게로 당겨다오.
우리 함께 서두르자,
임금님이 우리를 당신 궁으로 들이셨으니.

우리가 기쁨으로 네 안에서 즐거워하고
네 사랑을 포도주보다 좋아하리니
뭇 아가씨들이 너를 사랑하는 건 당연한 일이렷다.

"네 입술에 입 맞추고 싶구나." 두 사람이 입을 맞추는 것은 둘이
서로를 받아들여 하나 되는 길로 들어서는 것. 생각만으로도 벌
써 황홀한 이 길!

너, 내 영혼의 사랑하는 사람아
[아 1:5-8]

예루살렘 여인들아,
내 몸이 비록 검어도 아름다우니
케달의 천막 같고
솔로몬의 커튼 같단다.
검다는 이유로 나를 흘겨보지 마라,
햇살이 검게 태운 것이니.
어머니 아들들이 나한테 화를 내면서
포도원지기로 삼았는데
내가 내 포도원을 지키지 못했구나!

너, 내 영혼의 사랑하는 사람아,
말해다오, 네가 양떼를 어디에서 치는지,
한낮에 어디에서 쉬게 하는지,
네 동무들이 치는 양떼 앞에서 내가
얼굴 가린 사람처럼 서성거려야 하겠느냐?
여인들 가운데서도 어여쁜 여인아,

모르겠으면 양떼의 뒤를 좇아
목자들 천막 곁에서
네 어린양들을 쳐보아라.

"말해다오, 네가 양떼를 어디에서 치는지." 누구를 만나려면 먼저 그가 있는 데로 가야 한다. 오, 하느님, 당신을 뵙고 싶습니다, 어디 계십니까? 두리번거리지 마라, 너 있는 바로 거기다.

내 눈에는 어여쁜 네 모습이
[아 1:9-11]

오, 사랑하는 사람아.
내 눈에는 어여쁜 네 모습이
파라오의 전차 끄는 말처럼 보이는구나.
땋은 머리로 덮여있는 두 뺨에
진주 목걸이 걸려있는 너의 고운 목.
우리가 너를 위하여
은 박힌 황금사슬을 만들어주마.

"내 눈에는 어여쁜 네 모습이" 누구를 만나려면 그가 있는 곳으로
가야 하지만 그 장소에 눈길이 머물러서는 그를 만날 수 없다. 집
도 중요하지만 집에 사는 주인보다 중요한 건 천만에 아니다.

내 사랑하는 이는 나에게
[아 1:12-14]

임금님 잠자리에 드셨을 때
나의 나르드 향내 방안에 그득했지.
내 사랑하는 이는 나에게
젖가슴 사이의 몰약(沒藥) 향주머니,
내 사랑하는 이는 나에게
엔게디 포도원에 핀 헨나 꽃송이.

"나의 나르드 향내 방안에 그득했지." 향내든 구린내든 곁에서 나
는 게 아니다. 감추어진 속으로부터 누구도 못 말리게 나는 거다.
보자, 지금 네 속을 가득 채우고 있는 그것이 무엇이냐? 그것이
사랑이면 냄새 같은 건 걱정할 것 없다.

우리 침상은 녹음이 짙고
[아 1:15-16]

오, 아름다운 내 사랑,
어여쁜 내 사랑.
네 눈이 비둘기 같구나.
오, 아름다운 내 사랑,
진정 어여쁘구나.
우리 침상은 녹음이 짙고
우리 집 들보들은 송백나무에
서까래들은 전나무란다.

"오, 아름다운 내 사랑." 세상에 아름답지 않은 '내 사랑'도 있나?
그런 건 없다. 그런데 누가 아름다워서 그를 사랑하는가? 누구를
사랑해서 그가 아름다운가? 전자면 위태롭고 후자면 든든하다.

90

나는 샤론의 수선화
[아 2:1]

나는 샤론의 수선화,

골짜기에 핀 나리꽃.

"나는 골짜기에 핀 나리꽃." 골짜기가 비어서 꽃이 피어나고 꽃이
피어나서 골짜기가 채워지고.

아가씨들 가운데 내 사랑
[아 2:2]

아가씨들 가운데 내 사랑,
가시덤불 속에 핀 나리꽃 같구나.

"아가씨들 가운데 내 사랑, 가시덤불 속에 핀 나리꽃 같구나." 사
랑이 눈을 멀게 한다더니, 사랑 때문에 애먼 아가씨들이 가시덤
불로 보이는구나.

사내들 가운데 내 사랑
[아 2:3-6]

사내들 가운데 내 사랑,
잡목들 사이의 능금나무 같았지.
그 그늘 아래에서
내가 몹시 즐거워했고
그 열매는 참으로 달콤하였네.
그가 나를 잔칫집으로 데려간 것은
사랑을 나누기 위해서였어.
사랑에 지친 이 몸,
그가 건포도로 기운을 북돋아주었고
능금으로 상큼하게 해주었지.
왼팔은 내 머리에 베개로 내어주고
오른팔로 나를 안아주었어.

"그가 나를 잔칫집으로 데려간 것은 사랑을 나누기 위해서였어."
사랑은 둘이 서로를 끌어당겨 마침내 하나로 되게 하는 신성한
힘의 다른 이름.

부탁한다, 때가 되기까지는
[아 2:7]

들판의 노루사슴 같은 예루살렘 여인들아,
부탁한다, 때가 되기까지는
흔들지 말아다오,
내 사랑 깨우지 말아다오.

"부탁한다, 때가 되기까지는" 사랑은 때를 좇아 정확하게 멈추고
움직이는 살아있는 생명. 사랑을 위하여 무슨 까닭으로든 때에서
어긋나지 말 것이다.

일어나라, 내 사랑
[아 2:8-14]

내 사랑의 음성이다!
보라, 그가 산에서 치달리고
작은 언덕을 넘는구나.
노루나 어린 사슴 같은 내 사랑이
벽 뒤에 숨어
창으로 들여다보고
창틈으로 엿보고 있구나.
내 사랑이 입을 열어 나에게 말한다,
일어나라, 내 사랑,
어여쁜 사람아,
일어나서 함께 가자.
겨울은 가고 장마도 그치고
땅에는 꽃이 피어나고
새들이 노래하는 철이 되었으니,
구구거리는 산비둘기 소리가
우리 땅에서 들려오고,
무화과나무에는 열매가 맺히고

포도나무는 꽃을 피워 향기를 뿜는구나.

일어나라, 내 사랑,
어여쁜 사람아,
일어나서 함께 가자.
오, 나의 비둘기,
바위 틈 벼랑에 깃들어있는
내 사랑, 나의 비둘기.
네 얼굴을 나에게 보여주고
네 음성을 나에게 들려다오.
달콤한 네 음성,
사랑스러운 네 얼굴을.

"일어나라, 내 사랑, 어여쁜 사람아, 일어나서 함께 가자." 사랑은
생명이라, 어느 한 곳에 머물지 않고 끊임없이 자라고 익으며 함
께 가야 하는 길.

새끼 여우들을 잡아라

[아 2:15]

포도원 허무는 여우들을 잡아라,
새끼 여우들을 잡아라.
우리 포도원에 꽃들이 남아나도록.

"포도원 허무는 여우들을 잡아라." 물질로 된 세상에서는 빛이 있는 곳에 그늘 있듯이 사랑의 그늘로 시샘이 따라오는 법. 그것들을 잡아라, 놔두지 마라.

내 사랑은 나의 것
[아 2:16-17]

내 사랑은 나의 것,
나는 그의 것.
그가 들판의 나리꽃들 사이에서
자기 양떼를 먹이는데.
날 저물어 땅거미 사라질 때,
베데르 산의 노루처럼,
어린 사슴처럼
내게로 돌아오겠지.

"내 사랑은 나의 것, 나는 그의 것." 참사랑은 서로가 서로에게 자기를 온전히 내어주는 것. 그리하여 너는 나로, 나는 너로 되고 마는 것.

나, 그를 부여잡고 어머니 집으로
[아 3:1-4]

밤이면 잠자리에서 내 영혼의 사랑,
그를 찾았지만 보지 못했고
그를 불렀지만 답을 듣지 못했네.
나 이제 일어나 도성의 거리와 광장에서
내 영혼의 사랑, 그를 찾으리라,
하였으나 끝내 그를 찾을 수 없었네.
성읍의 야경꾼들을 만나,
내 영혼의 사랑을 보았느냐 물어보다가,
그들과 엇갈리면서 문득
내 영혼의 사랑, 그를 보았지.
나, 그를 부여잡고 어머니 집으로,
이 몸을 잉태한 여인 집으로,
데려갈 때까지 놓으려 하지 않았네.

"이 몸을 잉태한 여인 집으로." 아버지와 어머니가 사랑의 열매를
맺던 그 집으로. 사슴이 사슴을 낳듯이 사랑이 사랑을 낳는 법.

부탁한다, 때가 되기까지는
[아 3:5]

들판의 노루사슴 같은 예루살렘 여인들아,
부탁한다, 때가 되기까지는
흔들지 말아다오,
내 사랑 깨우지 말아다오.

"흔들지 말아다오." 청하지도 않는데 돕겠다며 이리저리 흔드는
것은 훼방하는 것이다. 사랑도 고요할 때가 있느니.

오라, 솔로몬의 행차로구나
[아 3:6-11]

무엇인가, 치솟는 연기 기둥처럼,
몰약과 유향 냄새 풍기며
상인들의 온갖 장식으로 구미고
들판에서 오는 저것은?
오라, 솔로몬의 행차로구나.
가마를 호위하는
전쟁에 익숙한 이스라엘의
힘센 용사 육십 명이
혹여나 있을 밤의 불상사를 염려하여
저마다 허리에 칼을 찼네.
솔로몬 왕이 몸소 레바논 목재로
자기 가마를 만들었다던데,
기둥은 은으로 세우고
바닥은 금으로 깔고
자리는 붉은 담요로 덮었으니

온통 사랑으로 꾸며진 가마로구나.

오라, 시온의 딸들아,

와서 보아라,

본인 장가드는 날,

가슴이 기쁨으로 설레는 날,

어머니가 씌워준 면류관 머리에 쓴

저 늠름한 솔로몬 왕을.

"온통 사랑으로 꾸며진 가마로구나." 사랑으로 꾸며진 가마에 사랑이 타는 건 당연한 일. 하지만 무엇이 먼저인가? 가마가 있어서 사랑이 있는 것 아니다. 반대다. 사랑이 있어서 가마가 있는 거다. 이 순서를 지키는 데 참사랑으로 들어가는 문의 열쇠가 있다.

네 젖가슴은 새끼 사슴 한 쌍
[아 4:1-6]

아름다워라, 너, 내 사랑.

참으로 어여쁘구나.

너울로 가린 네 눈은 비둘기 같고

네 머릿결은

길르앗 비탈로 내려 달리는 염소 무리 같구나.

네 이는 털 깎으려고 목욕시킨 암양,

저마다 새끼를 그것도 쌍둥이 새끼를 낳은 암양 같고,

네 입술은 붉은 털실,

입은 예쁘장하고,

그리고 너울 뒤에 비치는 너의 뺨은

쪼개놓은 석류 한 쪽 같구나.

네 목은 다윗의 망루,

용사들의 일천 방패가 걸려있는 망루 같고,

네 젖가슴은 새끼 사슴 한 쌍,

나리꽃 사이에서 풀 뜯는 쌍 노루 같구나.

날 저물어 땅거미 지기 전에
나, 몰약 산으로
유향 언덕으로 서둘러 가리라.

"날 저물어 땅거미 지기 전에." 사람이 사랑을 하든지 무엇을 하든지 하려면 살아있을 때 할 일이다. 날 저물어 밤이 되면 아무 일도 할 수 없게 되리니.

나의 누이, 나의 신부야
[아 4:7-15]

너, 아름다운 내 사랑.

흠 잡을 데 없는 나의 신부야,

나와 함께 레바논에서

나와 함께 레바논에서

아마나 꼭대기에서

스니르와 헤르몬 꼭대기에서

사자들의 굴에서

표범들의 산에서

나와 함께 내려가자.

나의 누이,

나의 신부야.

네가 내 넋을 앗아갔구나.

흘낏 본 눈길로

목에 두른 구슬꿰미로

네가 내 넋을 앗아갔구나.

나의 누이,

나의 신부야.

네 사랑이 어찌나 아름다운지.

포도주보다 달콤하구나.

네 몸의 향내보다 향기로운 향수가

세상천지 어디에 있겠느냐?

나의 신부야.

네 입술에는 꿀이 흐르고

네 혀 밑에는 젖과 꿀이 괴어있고

네 옷에서 나는 향내는 레바논의 향이로구나.

나의 누이,

나의 신부는

잠가놓은 동산,

뚜껑 덮은 샘물이라네.

이 동산에서

석류나무 같은 여러 맛있는 과일나무들과

나르드 샤프란 창포 계수나무 같은 향나무들이
자라고
몰약과 침향 같은 온갖 향료들이 난다네.
너는 동산의 샘,
생수가 솟아나는 우물.
레바논에서 흘러내리는 시냇물.

"나의 누이, 나의 신부야." 근친결혼을 법으로 막는 문명이 있지
만 거죽만 보아서 그러는 거다. 한 아버지 하느님의 세상에서 누
이와 결혼하지 않는 남자, 오라비와 결혼하지 않는 여자가 어디
있으랴?

북풍아 일어라
[아 4:16]

북풍아 일어라,
남풍아 불어라.
동산의 향기를 날려라.
내 사랑이
이 동산에 들어와서
달콤한 열매들을 맛볼 수 있도록.

"북풍아 일어라, 남풍아 불어라." 바람 불지 않으면 향기가 날리지 않고 향기가 날리지 않으면 벌도 나비도 날지 않고 따라서 달콤한 열매 또한 없는 것이다. 오, 고마운 세상 풍파여.

친구들아, 마시자.
[아 5:1]

나의 누이,

나의 신부야.

나, 내 동산에 와서,

몰약과 향신료를 모으고

꿀과 꿀 송이를 먹고

우유와 포도주를 마시니.

친구들아, 마시자.

사랑으로 먹고 마시자.

"친구들아, 마시자." 좋은 것일수록 혼자 누리는 게 아니다. 함께
맛볼 친구들이 없으면 꿀도 우유도 포도주도 세상에 없는 거다.

내가 사랑으로 병들었다고
[아 5:2-8]

내가 잠들었어도 가슴은 깨어있어서,
사랑하는 이가 문을 두드리며
말하는 소리 들리더구나.

문을 열어다오,
나의 누이,
나의 사랑,
나의 비둘기,
나의 옹근 사람아.
내 머리가 이슬에 젖었고,
머리카락은 밤이슬에 흠뻑 젖었다.

내가 옷을 벗었는데 다시 입겠으며
내가 발을 씻었는데 다시 흙을 묻히겠느냐마는,
사랑하는 이가 문틈으로 손을 들이밀고
내 속마음 또한 그를 갈망하기에,
일어나서 사랑하는 이를 위해 문을 열자니,

손가락에 묻은 몰약 방울이 문고리를 적시더구나.
사랑하는 이를 위하여 문을 열긴 했다만,
사랑하는 이가 돌아서서 가버렸더라.
그가 말할 때 내가 얼이 빠졌던 것인가.
그를 찾았지만 보지 못하고
그를 불렀지만 대답을 듣지 못했네.
성 안을 돌던 야경꾼들이
나를 보고서 때리고 상처 입히고,
성루 지키던 파수꾼들은 내 옷을 벗겨갔지.
오, 예루살렘 여인들아,
부탁한다,
내 사랑을 보거든 그에게 말 좀 해다오,
내가 사랑으로 병들었다고.

"사랑하는 이를 위하여 문을 열긴 했다만, 사랑하는 이가 돌아서
서 가버렸더라." 사랑을 하는 것도 사랑을 받는 것도 억지로는 아
니 되는 것. 문을 열었다고 반드시 들어와야 하는 건 아니다. 제
맘대로 되지 않아서 아픈 상처가 없으면 아직 사랑이 아니다.

네 연인이 다른 연인들보다 무엇이 더 나으냐?
[아 5:9-10]

오, 여인들 가운데서도 어여쁜 여인아,

네 연인이 다른 연인들보다

무엇이 더 나으냐?

네 연인이 다른 연인들보다

무엇이 더 낫기에 그런 부탁을 하는 거냐?

"네 연인이 다른 연인들보다 무엇이 더 나으냐?" 비교란 달콤하면서 쓴 마약 같은 것. 아예 하지 않는 것이 상책이지만 부득이 하더라도 그 결과에 속지는 말 것.

두 뺨은 향기로운 꽃받침 같고
[아 5:11-16]

내 사랑은 말쑥한 몸에 살갗이 붉어
누구보다도 뛰어난 사람.
머리는 정금 같고,
검은 곱슬머리는 까마귀 같고,
우물가 비둘기 같은 눈은
젖으로 씻은 것 같고,
두 뺨은 향기로운 꽃받침 같고,
입술은 몰약이 뚝뚝 떨어지는 나리꽃,
두 팔은 보석 박힌 금방망이,
허리는 청옥 두른 상아,
다리는 황금 받침대 위에 세워진 대리석 기둥,

몸집은 레바논처럼 잘생긴 삼나무,
하는 말마다 달콤하여
온몸이 마냥 사랑스러운 사람이란다.
오, 예루살렘 여인들아,
이 사람이 내 사랑, 내 친구란다.

"내 사랑은 …누구보다도 뛰어난 사람." 사랑은 지금 눈앞에 있
는 사람을 하나뿐인 사람으로 만든다. 내 사랑이 누구보다도 뛰
어난 것은 천상천하에 그 사람 하나가 있기 때문이다.

네 사랑이 어디로 갔느냐?
[아 6:1]

오, 여인들 가운데서도 어여쁜 여인아,
네 사랑이 어디로 갔느냐?
어느 길로 네 사랑이 돌아갔느냐?
그걸 알아야 우리 함께 찾을 수 있지 않겠느냐?

"어느 길로 네 사랑이 돌아갔느냐?" 하나가 하나인 게 어떤 건지
알려면 둘로 나뉘어 떨어져봐야 알 수 있다. 사랑이 제가 사랑인
줄 모르면 그건 사랑도 무엇도 아닌 거다.

나는 그의 것이고 그는 내 것인데
[아 6:2-3]

내 사랑이 자기 동산 꽃밭으로 내려가

그 속에서 나리꽃을 꺾으며 양떼를 치는구나.

나는 그의 것이고 그는 내 것인데,

그가 나리꽃 가운데서 자기 양떼를 치는구나.

"나는 그의 것이고 그는 내 것인데, 그가 나리꽃 가운데서 자기 양떼를 치는구나." 하나인데 둘이다. 그래야만 가능한 그것이 사랑이다.

눈이 부셔서 쳐다볼 수 없으니
나에게서 눈길을 돌려다오.

[아 6:4-10]

너, 나의 사랑아.

네가 티르사 같이 아름답고

예루살렘 같이 곱고

깃발 나부끼는 군대 같이 단정하구나.

눈이 부셔서 쳐다볼 수 없으니

나에게서 눈길을 돌려다오.

네 머릿결은

길르앗 비탈로 내려 달리는 염소 무리 같고.

네 이는 털 깎으려고 목욕시킨 암양,

저마다 새끼를 그것도 쌍둥이 새끼를 낳은 암양 같고,

그리고 너울 뒤에 비치는 너의 뺨은

쪼개놓은 석류 한 쪽 같구나.

왕비 육십에

후궁 팔십에

궁녀 또한 수도 없지만

나의 비둘기,
나의 옹근 사랑은 오직 하나,
그 어미의 귀여운 딸,
흠이 없는 딸,
시녀들은 그를 가리켜
행복한 여인이라 수군거리고
왕비와 후궁들 또한
칭송을 아끼지 않고 말하는구나.

누구인고?
새벽빛 같이 또렷하고
달 같이 우아하고
해 같이 밝고
깃발 나부끼는 군대 같이 단정한 저 여인.

"눈이 부셔서 쳐다볼 수 없으니 나에게서 눈길을 돌려다오." 말은
눈부셔서 볼 수 없다며 자세히도 보고 있네. 사랑이란 그런 것.

내 마음이 움직여 저도 모르게
[아 6:11-12]

골짜기에 꽃이 피었나,

포도나무에 움이 텄나,

석류나무에 꽃망울이 맺혔나,

알아보려고 호두나무 동산에 내려갔을 때,

내 마음이 움직여 저도 모르게

왕자의 수레로 다가갔지.

"내 마음이 움직여 저도 모르게" 마음이 멈추면 몸도 멈추고 마음이 움직이면 몸도 움직이고. 하지만 몸이 없으면 마음은 어디 있으랴? 사람의 몸은 사랑을 위하여 사랑에 의하여 사랑으로 만들어진 것. 여기에 몸의 유일한 존재이유가 있다.

돌아오라, 돌아오라
[아 6:13]

돌아오라, 돌아오라,
술람 여인아.
돌아오라, 돌아오라,
우리로 너를 보게 해다오.

"우리로 너를 보게 해다오." 눈으로 무엇을 본다는 것은 눈에 들어올 무엇이 먼저 거기 있다는 말이다. 보고 싶다고 해서 볼 수 있는 게 아니다. 보고 싶은 그것이 무엇이든.

어쩌자고 너희가
[아 6:14]

어쩌자고 너희가

마하나임의 춤을 보듯이

술람의 여인을 보겠다는 것이냐?

"마하나임의 춤을 보듯이 술람의 여인을 보겠다는 것이냐?" 광야
에서 외치는 소리는 들리지만 외치는 이는 보이지 않듯이, 춤은
보이지만 춤추는 이는 보이지 않는 법.

임금이 네 모습에 넋을 잃었지
[아 7:1-5]

오, 귀족 가문의 아가씨야,

신발 신은 네 발이 정말 예쁘구나.

두 허벅지가 엇갈리는 데는

솜씨 좋은 장인의 보석 패물이요,

배꼽은 혼합 포도주 가득 담긴 둥근 술잔,

허리는 나리꽃으로 꾸며진 밀단,

쌍둥이 새끼사슴 같은 두 젖가슴은 쌍 노루,

목은 상아로 된 탑,

눈은 밧라빔 성문 곁 헤스본 연못,

코는 다마스커스를 내려다보는 레바논 망루,

머리는 가르멜 산봉우리,

머리채는 붉은 비단,

임금이 네 모습에 넋을 잃었지.

> "배꼽은 혼합 포도주 가득 담긴 둥근 술잔." 포도주는 하늘과 땅
> 의 합작품. 그 황홀을 인종 남녀 차별 없이 사람마다 제 배꼽에
> 담는구나.

네 젖가슴을 포도송이로
[아 7:6-9]

오, 내 사랑하는 사람아,
너무나 귀엽고 즐거운 아가씨야.
네 키는 종려나무 같고
젖가슴은 그 송이열매 같구나.
내가 이르기를,
종려나무 위로 올라가서
가지를 붙잡으리라, 하였으니
네 젖가슴을 포도송이로,
입김을 능금 향내로,
네 입맞춤을
입술과 이빨 사이에서
매끄럽게 넘어가는 포도주로 삼게 해다오.

"네 입맞춤을 입술과 이빨 사이에서 매끄럽게 넘어가는 포도주
로 삼게 해다오." 둘이 마주하면 그 사이에 서로 당기다가 마침내
하나 되게 하는 사랑이라는 이름의 기운이 작용한다.

나는 내가 사랑하는 그 사람의 것
[아 7:10]

나는 내가 사랑하는 그 사람의 것.

그가 나를 갈망하는구나.

"나는 내가 사랑하는 그 사람의 것." 너는 내가 사랑하는 나의 것이 아니다. 그건 아니다. 너를 내가 먹어서 하나 되는 게 아니라 내가 너에게 먹혀서 하나 되는 거다.

우리 시골로 가서 촌마을에 머물자
[아 7:11-13]

사랑하는 사람아,
우리 시골로 가서 촌마을에 머물자.
이른 아침 포도원에 내려가
나무에 움이 돋았는지,
포도나무 꽃망울이 맺혔는지,
석류꽃이 피었는지 함께 알아보자.
거기서 내가 내 사랑을 너에게 주리라.
자귀나무가 향기를 토하고,
문간에는 햇과일과 묵은 과일들이
가지가지로 놓여 있으니,
모두 사랑하는 너에게 주려고 내가 마련한 것이라.

"우리 시골로 가서 촌마을에 머물. …거기서 내가 내 사랑을 너에게 주리라." 둘이 만나 사랑을 나누려면, 어쩔 수 없다, 같은 시간과 공간을 살아야 한다. 그래서 장가들고 시집가는 거다.

내가 너를 우리 어머니 집으로 끌어들여
[아 8:1-3]

아, 네가 우리 어머니 젖을 먹고 자란
나의 오라비라면,
내가 너를 밖에서 만나 입을 맞추어도
사람들이 업신여기지 않을 텐데.
내가 너를 우리 어머니 집으로 끌어들여
그분 침실에 눕히고
향기로운 포도주와 석류 즙을 대접할 텐데.
너는 내게 왼팔을 베개로 내어주고
오른팔로 나를 안아줄 텐데.

"아, 네가 우리 어머니 젖을 먹고 자란 나의 오라비라면," 세상 모든 남자와 여자들이 한 어머니 젖을 먹고 자란 오누이라는 진실에 눈뜬다면 누가 누구에게 무엇을 부끄러워할 것인가?

부탁한다, 때가 되기까지는
[아 8:4]

오, 예루살렘 여인들아,
부탁한다, 때가 되기까지는
흔들지 말아다오,
내 사랑 깨우지 말아다오.

"내 사랑 깨우지 말아다오." 그 사람 지금 사랑의 달콤한 꿈속에
있다. 거기에서 볼 것 다 볼 때까지 제발 깨우지 말아다오.

사랑하는 연인에 몸을 기대고
[아 8:5]

누구인가, 사랑하는 연인에 몸을 기대고
거친 들에서 올라오는 저 여인은?

"사랑하는 연인에 몸을 기대고" 혼자서는 갈 수 없는 길, 사랑의 길.

어미가 너를 낳느라고 고생했던 바로 그 자리에서
[아 8:5]

능금나무 아래에서,
어미가 너를 낳느라고 고생했던
바로 그 자리에서 내가 잠든 너를 깨웠다.

"어미가 너를 낳느라고 고생했던 바로 그 자리에서" 사람에게는
생일이 둘 있다. 첫째 생일은 몸이 태어난 날. 둘째 생일은 사랑
에 의하여 사랑을 위하여 사랑에 눈뜬 날. 첫째 생일은 누구에게
나 있지만 둘째 생일은 간혹 없는 사람이 있지.

사랑은 죽음처럼 강인하고
[아 8:6-7]

너는 나를 인장(印章)인 양 가슴에 안아주고
인장인 양 나를 팔에 두르려무나.
사랑은 죽음처럼 강인하고
욕정은 저승처럼 잔혹하여
그 불은 맹렬하게 타오르는 불길이라.
많은 물이 사랑을 끄지 못하고
홍수라도 그것을 익사시키지 못하느니.
누가 있는 재물 다 써서 사랑을 사려 한다면
사람들 조롱이나 당하고 말겠지.

"누가 있는 재물 다 써서 사랑을 얻으려 한다면" 돈 주고 사랑을
사려 하다니! 세상에 신성모독이 따로 있으랴? 사람들 손가락질
당해도 싸지.

그를 위해 우리가 무얼 할 수 있을까?
[아 8:8-9]

우리에게 있는 작은 누이.

젖가슴도 아직 없는데

누가 그에게 말을 걸어온다면

그를 위해 우리가 무얼 할 수 있을까?

그가 성벽이면

은으로 망대를 세워줄 것이요,

그가 성문이면

삼나무 판자를 덧대줄 터인데.

"젖가슴도 아직 없는데 누가 그에게 말을 걸어온다면" 덜 익은 열매는 건드리는 게 아니다. 성인동선시(聖人動善時)라, 성인은 때를 좇아 움직이므로 지킬 때 지키고 놓을 때 놓느니.

오, 나의 솔로몬아
[아 8:10-12]

나는 성벽,
내 젖가슴은 망루.
그래서 그의 눈에 내가
평안을 가져오는 여인이었지.
솔로몬은 바알하몬에 포도원이 있어
그것을 돌보는 자들에게 맡기고
저마다 은화 일천을 도조로 받았다던데.
나에게도 나를 위한 내 소유의 포도원이 있으니,
오, 나의 솔로몬아,
너는 일천을 얻고 돌보는 자들에게도 이백을 주려
무나.

"나에게도 나를 위한 내 소유의 포도원이 있으니, 오, 나의 솔로
몬아, 너는 일천을 얻고 돌보는 자들에게도 이백을 주려무나." 사
랑하는 사람아, 이제 나에게 내 것은 없다. 모두가 네 것이다.

너, 동산에 머무르는 사람아
[아 8:13]

너, 동산에 머무르는 사람아.
내 친구들이 네 음성을 듣고 있다니,
나에게도 그것을 들려다오.

"내 친구들이 네 음성을 듣고 있다니, 나에게도 그것을 들려다
오." 누가 네 음성을 들었다면 그가 제 귀로 들은 것이다. 나에게
도 귀가 있으니 내 귀로 네 음성 듣게 해다오.

서둘러라, 나의 사랑아
[아 8:14]

서둘러라, 나의 사랑아.
노루처럼,
젊은 산양처럼,
향기로운 동산으로 빨리 오려무나.

"서둘러라, 나의 사랑아. …향기로운 동산으로 빨리 오려무나."
사랑 노래에 끝은 없다. 늘 새로운 시작이 있을 뿐. 사랑 자체가
무궁무진이거늘 사랑 노래에 어찌 끝이 있으랴?